AF330420

OBSERVATIONS

D'UN JOURNALISTE,

SUR L'ÉCRIT INTITULÉ :

DU SYSTÈME POLITIQUE

SUIVI PAR LE MINISTÈRE ;

PAR M. LE VICOMTE DE CHATEAUBRIANT,

PAIR DE FRANCE.

Prix, 1 fr., et 1 fr. 5o c. *par la poste.*

A PARIS,

Au Bureau du JOURNAL DE PARIS, rue de la
Monnaie , n° 11 ;
Chez DELAUNAY, Libraire, Palais-Royal, galerie
de bois ;
Et chez les Marchands de Nouveautés.

1818.

OBSERVATIONS

D'UN JOURNALISTE,

SUR L'ÉCRIT INTITULÉ :

DU SYSTÈME POLITIQUE

SUIVI PAR LE MINISTÈRE.

Un écrivain célèbre qui publie une brochure politique est toujours sûr d'être lu. Si cet écrivain est en même temps revêtu d'une haute dignité, on est encore plus empressé à le lire ; on attend de lui des réflexions mûries par la sagesse, des vues saines, les pensées profondes d'un homme d'état.

Nous ne nous attacherons pas à examiner ce que le noble Pair a mis d'esprit et de talent dans sa nouvelle brochure. A cet égard, ses preuves sont faites, et il ne s'agit point ici d'un assaut littéraire ; c'est du salut de la France dont on s'occupe. La question est donc de savoir quel est le but que l'auteur s'est proposé d'atteindre ; si ce but est louable, et s'il y est parvenu. Le noble Pair récuse les journaux, comme suspects de servilité. Travaillant moi-même dans un journal, je me permettrai deux mots sur cette accusation. Il est bon que le public sache à qui il a affaire.

Les journaux sont surveillés, donc ils trompent. Nous sommes opposans à l'autorité, donc nous sommes sincères. Je réclame contre cette logique employée dans la brochure. Surveillance n'est pas plus synonyme nécessaire d'asservissement, qu'opposition n'est synonyme de sincérité. On peut écrire d'après sa conscience, même dans un journal surveillé, et je pourrais revendiquer le droit d'être compté parmi les hommes de lettres qui, même dans les journaux, n'ont jamais suivi que l'impulsion de leur raison et de leur conscience. Je n'ai ni emploi, ni pension, ni solde d'aucune espèce, et je ne prétends à rien qu'au salaire légitime d'un travail libre et honorable, puisqu'il ne m'a jamais coûté et ne me coûtera jamais un mot contre ma pensée. Du moment qu'il me faudrait mentir sciemment, je cesserais d'écrire. Ceux qui me connaissent ne démentiront pas le témoignage que les circonstances m'obligent à me rendre.

Ce n'est pas l'apologie du ministère que j'entreprends. Cette apologie doit se trouver dans ses travaux, dans ses actes, dans l'assentiment national, et non dans une brochure éphémère.

Je vais examiner comment l'auteur *Du Système suivi par le Ministère* l'a attaqué, si cette attaque a été dirigée dans les intérêts de la France, et ce que la France peut espérer, pour son salut, des vues de l'auteur.

Un petit nombre de passages annoncent des intentions que l'on désirerait retrouver dans tout l'ouvrage, qui eût alors été digne d'un homme tel que M. de Châteaubriant.

S'il était bien constant que l'auteur et ses amis voulussent « la Charte avec toutes ses

» libertés sagement réglées par des lois per-
» manentes, » qu'ils désirassent « l'exercice
» franc de la Constitution, le Gouvernement
» représentatif avec toutes ses libertés, toutes
» ses conséquences, tous ses inconvéniens
» comme tous ses avantages », on ne pourrait qu'applaudir à une résipiscence si géné-
reuse, à des vues si sages et si franchement
patriotiques; et l'on dirait, comme l'auteur,
que tout ministre qui ne les partagerait pas,
tout membre du Gouvernement qui se pro-
poserait un autre but, ne pourrait se flatter
d'un pouvoir durable.

Il n'est pas un bon français qui n'ait été
vivement ému des sentimens franchement
constitutionnels, des idées vraiment dignes
d'un homme d'état citoyen, exprimées avec
tant de sagesse et d'énergie par l'auteur, dans
l'extrait qu'il nous donne de son Rapport fait
au Roi, pendant son séjour à Gand.

Que l'auteur n'a-t-il écrit toute sa brochure
dans cet esprit! il eût obtenu l'assentiment
général, et son talent se fût signalé par un ser-
vice éminent rendu à son pays. Malheureuse-

ment, cette politique si loyale, si saine, qui paraît émaner si naturellement du cœur d'un chevalier français, et de l'esprit d'un homme supérieur, a trop abandonné l'auteur dans quelques écrits publiés depuis, et malheureusement encore l'oubli de cette politique se fait trop remarquer dans l'ensemble et dans l'idée première de l'écrit que nous examinons. Pourquoi faut-il que cet écrit se trouve presqu'entièrement en contradiction avec ces pensées si louables ! On dirait que le noble Pair a été alternativement inspiré par un bon et par un fâcheux génie : et ce qu'il y a de triste pour lui et pour nous, c'est que ce ne sont pas les inspirations du premier qu'il a le plus écoutées. A la vérité, sa raison paraît répugner à suivre les autres ; il n'y cède qu'à moitié, il n'exprime qu'à demi ce qu'elles lui suggèrent ; mais il en dit trop pour qu'on ne devine pas tout, et ce que l'on devine ne laisse que des regrets sur la route que s'obstinent à suivre un esprit aussi éminent, une âme qui, si elle cédait à son impulsion naturelle, s'ouvrirait sans doute toujours avec le même abandon à des sentimens patriotiques, aux vues franches et loyales d'une saine politique. Que le noble Pair ne s'en prenne donc qu'à ce fatal génie dont il a trop écouté les suggestions, si la sévérité avec laquelle nous serons obligé de les caractériser, retombe malgré nous sur celui qui s'en est rendu l'organe. Quel que soit le respect dû à un grand talent et à une haute dignité, la vérité n'a qu'un langage; et ne pas signaler des idées pernicieuses, ce serait sacrifier son pays à de vains égards.

Voici donc, au total, le résumé fidéle de la brochure. On y apprend que le ministère, au grand péril de la France, s'est séparé des *royalistes,* qu'il les a persécutés, qu'il a fait rendre contre eux l'Ordonnance du 5 septembre, et la loi des élections; qu'ensuite il a eu peur de son ouvrage, qu'il a eu recours aux *royalistes* pour se fortifier *contre les indépendans;* que ce système n'a servi qu'à réunir ainsi contre lui deux minorités dans les Chambres; que le ministère ne peut se soutenir qu'en recrutant dans ces deux minorités; que les *indépendans* l'emporteront infailliblement aux élections prochaines; que le ministère sera pris pour dupe et entraînera la France dans sa chute, etc., etc.; puis des réclamations en fa-

veur de la liberté de la presse, de toutes les libertés consacrées par la Charte, et, qui le croirait!
contre le projet de loi sur le recrutement,
parce qu'il accorde l'avancement aux services
et au mérite, etc., etc.

Une pareille politique n'étonnerait pas dans
la bouche d'un censeur de salon, ou même
dans les mémoires d'un frondeur; mais n'a-
t-on pas droit d'être surpris de la trouver dans
l'écrit d'un Pair de France? De bonne foi, et
je l'en prends lui-même pour juge, si sa brochure était de tout autre écrivain, et qu'il la lût
sans prévention, y trouverait-il dans ces com-
binaisons et dans ces calculs, rien qui s'élève
au-dessus d'une conversation entre deux mé-
contens; qu'y découvrirait-il, aux passages
près que nous avons cités avec éloge, qui ait
vraiment rapport à l'intérêt de la France? Est-
ce ainsi que cet immortel Montesquieu, dont
il a invoqué le nom, ce génie profond et cir-
conspect, envisageait la politique dans ses
écrits et qu'il jugeait les gouvernemens, lui
qui médita vingt ans l'Esprit des Lois? Était-
ce dans les petites discussions du coin du feu
que ce grand homme puisait les oracles qu'il

rendait en présence de la France, pour son instruction et celle de la postérité?

Le crime de l'autorité, aux yeux de l'auteur, c'est d'avoir froissé *les royalistes.* Vous entendez peut-être par cette qualification, tout bon français aimant son Roi et son pays. Vous vous trompez : sous la plume du noble Pair, le mot *royaliste* n'est pas une dénomination nationale; c'est, il faut bien le dire, une de ces désignations par lesquelles les partis aiment à se signaler à leurs amis et à leurs ennemis. Dans la langue que l'auteur paraît s'être faite (car pour l'entendre il faut commencer par le traduire), royaliste signifie évidemment un homme qui se vante d'aimer seul et avec ceux qui partagent toutes ses opinions politiques, le Prince et la dynastie légitime, la religion, la justice et les mœurs; c'est encore un homme qui ayant toujours eu horreur de toute réforme, est exclusivement attaché aux anciennes institutions; qui considère comme autant d'ennemis, ceux qui ne partagent pas cette prédilection, et le nombre de ces derniers est cependant bien grand. Un *royaliste,* dans l'acception de la brochure, condamne au

moins tous ces dissidens à une nullité absolue,
et se regarde, lui et les siens, comme seuls
dignes, comme seuls capables de gouverner
et même de gérer le plus petit emploi.

Jusqu'à ce que l'auteur ait bien voulu nous
définir clairement ce qu'il entend par *roya-*
liste (et il n'a pas jugé à propos de le faire
dans sa brochure), nous hasardons notre dé-
finition, qui nous paraît rendre à peu près sa
pensée.

Ceci bien entendu, sera-t-on surpris si « on
croit peu nombreux les royalistes qui veulent
absolument s'isoler par un privilége de dévouement et d'orthodoxie politique, d'un peuple
attaché à son Roi, et des intérêts de ce peuple »,
et pensera-t-on, comme le noble Pair, qu'il
soit bien pressant d'en augmenter le nombre ?
Sera-t-on bien disposé à partager son cour-
roux contre ceux « qui ont mieux aimé faire
autre chose ? » Épousera-t-on son indignation
contre cette multitude de Français réduits na-
guères à craindre la violence d'un zèle exagéré,
à solliciter en quelque sorte la compassion de
ceux qui se faisaient de ce zèle un titre pour

ravir à l'autorité royale le droit de punir et de pardonner, de ces Français qui, sans étonnement, quoi qu'en ait pu penser le noble Pair, se voient aujourd'hui admis à l'exercice des droits communs à tous? Honneur immortel sans doute, à tous les hommes qui ont donné au Prince de constantes preuves de fidélité et de dévouement! Honneur à tous ceux qui l'ont accompagné, servi dans le malheur, quelles que soient les nuances de leurs opinions politiques! Mais comment a-t-il pu entrer dans la pensée d'un homme d'état de présenter des Français estimables par leur courageuse loyauté, sous les livrées d'une faction? Pourquoi ne montrer dans des hommes recommandables, que ce qui pourrait les éloigner de l'intérêt national? Pourquoi s'obstiner à les rallier sous un étendard qui ne serait pas celui de la monarchie constitutionnelle? Est-ce le moyen de mettre un terme aux animosités, aux divisions? Et pourquoi le noble Pair, par une préférence qu'avec la meilleure volonté du monde on ne peut interpréter favorablement, fait-il sur-tout honneur du beau titre de royaliste, à ceux qui s'en feraient un manteau pour cacher d'ambitieux projets?

Était-ce à lui de violer, en quelque sorte, le respect dû à la majesté royale, en dégradant ainsi la qualification la plus respectable?

Je le répéte; je ne prétends nullement me constituer le panégyriste du ministère, dont je n'ai personnellement ni à me plaindre, ni à me louer. Mais je suis Français; j'observe avec tout l'intérêt d'un homme sincèrement attaché à son pays, la marche du Gouvernement et des affaires. Je vois que malgré tant d'obstacles, qui devaient presque faire déses-pérer de notre salut, malgré l'occupation étrangère, malgré l'énorme fardeau des im-pôts, les rigueurs des saisons, les ressenti-mens et les projets des factions, ou au moins du mécontentement et de l'ambition trompée, le Gouvernement représentatif sous lequel nous avons le bonheur de vivre, qui, au point où nous sommes parvenus, ne pourrait être remplacé que par l'anarchie et les révolutions, et dont tout bon Français doit désirer la sta-bilité, a fait des progrès réels et remarquables. Je vois qu'en 1815 nous étions menacés ou d'une oligarchie redoutable, dont les projets non dissimulés faisaient craindre le renversement du régime constitutionnel, ou d'une réaction terrible de la multitude des opprimés contre cette oligarchie. Je vois qu'un acte vigoureux de l'autorité royale, cette Ordonnance du 5 septembre, qui excite tant de rancune, a, en un instant, écarté le péril et dissipé les craintes. Je vois qu'en 1816, la loi la plus populaire qui soit émanée du Trône depuis l'affranchissement des communes, celle des élections, autre objet de ressentiment, a assis en France le Gouvernement représentatif sur la base la plus solide; qu'en 1817 cette loi a reçu son exécution sans qu'il en soit résulté la moindre secousse; que les débats du commencement de la session de cette même année ont été animés de la plus vive chaleur; que les intérêts publics y ont été discutés avec la liberté la plus franche et la plus étendue, sous les yeux de nos tuteurs, sans que l'énergie de la tribune ait occasionné le moindre trouble ; que la loi sur les délits de la presse est sortie de la discussion avec des améliorations importantes; que, conformément à la parole auguste du Monarque, les tribunaux d'exception, dont on redoutait la durée, ont vu marquer le terme de leur carrière; que la loi suspensive du plus essentiel de nos priviléges (la liberté de nos personnes), a expiré sans qu'il ait été question de la renouveler; que par conséquent notre *habeas corpus* reprend ses droits, et que nous sommes assurés de n'être désormais privés de notre liberté qu'au nom de la loi et pour être jugés.

Je vois que, malgré la surveillance des journaux et les poursuites contre quelques écrivains, il a été permis de proclamer des vérités importantes et hardies ; que nos publicistes les plus célèbres, MM. de Constant, de Pradt, Bénaben, de Bonald, etc., ont pu suivre librement l'impulsion de leurs talens, et remplir la mission qu'ils se sont imposée ; que le projet du concordat a été attaqué de toutes parts avec la plus grande liberté. Je pourrais, pour ma part, revendiquer des articles de journaux écrits avec une franchise qui ne m'aurait pas été accordée sous un gouvernement tel que le voudrait l'auteur, quoique cette franchise n'ait rien de répréhensible. Je vois enfin que si l'on renouvelle des exhortations, ou qu'on publie des livres qui tendraient à nous faire rétrograder vers la bar-

barie superstitieuse du moyen âge, d'un autre côté, les œuvres des ennemis du fanatisme et de la superstition se reproduisent, et que les écrits en faveur de la religion, de la morale, du bon sens et des vrais lumières, se multiplient, même dans les journaux et dans les recueils périodiques, avec une égale liberté. Le noble Pair lui-même, dont nous examinons l'écrit, atteste involontairement cette liberté, et par les reproches qu'il fait à l'autorité d'avoir laissé circuler des ouvrages qu'il condamne, et par son exemple, puisque la brochure dans laquelle il l'attaque avec tant de violence ne circule pas moins librement.

De toutes ces observations, veux-je conclure que l'autorité a été infaillible ? non, sans doute : elle ne l'est pas, et ne prétend sûrement pas l'être plus que l'opposition. Veux-je dire qu'elle ne tend pas et ne tendra jamais à s'accroître, et qu'une surveillance attentive et ferme sans injustice ne soit pas nécessaire pour prévenir des empiétemens qui pourraient avoir lieu à la longue ? ce qui est dans la nature des choses y sera toujours, et la responsabilité des Ministres à

l'opinion publique est un des ingrédiens na-
turels, une des plus essentielles garanties du
gouvernement représentatif. Veux-je dire
que l'autorité n'a rien laissé à faire et à désirer ? elle m'en désavouerait elle-même; mais
si l'on se croyait fondé à faire quelques réclamations, à blâmer quelques-uns de ses actes,
seraient-ce bien ceux qui ont allumé le cour-
roux du noble Pair, ou ne seraient-ce pas
plutôt, peut-être, ceux dont il n'a pas jugé à
propos de parler, sans doute parce que ces
actes ont été favorables aux hommes qu'il
aime, et dont il partage les opinions? Je ne
m'explique pas davantage, mon intention n'é-
tant nullement de réveiller des querelles et de
renouveler des sujets de discorde.

Quelque critique que chacun de nous, s'il
veut n'écouter que son opinion, puisse faire de
certains actes du ministère, il me semble cependant qu'à le juger comme on le doit, sur
l'ensemble de ses opérations et sur les résul-
tats les plus essentiels, le tableau fidèle que
je viens d'en présenter ne lui est pas défavo-
rable, et peut même lui mériter de libres
éloges. Si, en effet, ses adversaires de pro-

fession se croient en droit d'outrer le blâme, d'exciter la défiance, d'accumuler les reproches, il peut être permis au patriote impartial, qui ne fait métier et qui ne s'impose la mission ni de critiquer, ni de louer, ni d'attaquer, ni de défendre, il peut être permis, dis - je, à celui qui se borne à examiner dans son for intérieur ce qui est avantageux ou nuisible à son pays, de signaler les actes qui lui paraissent dans l'intérêt national, et de rendre à l'autorité, quand il a le bonheur de la trouver juste et bienfaisante, un hommage désintéressé. Dans cette Angleterre que l'on se plaît à citer, on voit quelquefois l'opposition elle-même applaudir aux actes du ministère.

J'aimerais sûrement tout autant que le noble Pair, des améliorations, et dans notre législation, une conformité prompte et complète de toutes ses dispositions au type constitutionnel ; mais je ne connais pas assez les obstacles ; je ne suis pas assez certain de la possibilité de tout ce que je désire, pour faire un crime à l'autorité de ce qu'elle n'est peut-être pas aussi prompte que je le voudrais à remplir tous mes vœux. Comme je n'ai aucun

projet caché, que je ne veux sacrifier mon opinion et la vérité à aucune passion ni a aucun
intérêt, je profite avec reconnaissance du
bien qui m'est démontré; je tâche d'encoura-
ger, autant qu'il est en moi, par une appro-
bation mesurée et éclairée, ceux qui peuvent
nous en faire encore plus; et s'il était clair pour
moi qu'on voulût, ou que, sans le vouloir, on
fît le mal, alors je pourrais peut-être parler
tout aussi haut qu'un autre, si je croyais que
cela pût être utile; autrement, je me tairais.
Avec ces intentions on peut, je crois, se flatter
aussi d'être indépendant, et parler au public
avec confiance.

N'est-ce donc pas un hasard malencontreux
qui a entraîné l'auteur à imputer à crime au
ministère, précisément les actes dont il pourrait se faire un titre d'honneur auprès de la
France? En effet, si le ministère a contre lui
ceux que l'auteur qualifie exclusivement de
royalistes, c'est-à-dire ceux dont nous crai-
gnons qu'ils ne veuillent à tout prix faire pré-
valoir leurs intérêts et leurs préjugés sur les
intentions paternelles du Roi; et *les indépen-*

dans, c'est-à-dire, suivant l'auteur, qui les en accuse assez clairement, ceux, s'il en est, qui ne parlent de liberté que pour renverser la Monarchie légitime; si le ministère, ayant contre lui ces deux factions, se tient à une distance égale de l'une et de l'autre, et si cette conduite lui est avantageuse, est-elle réellement contre l'intérêt de la Monarchie et de la France? Quel apologiste du ministère pourrait s'y prendre pour le louer mieux que ne le fait malgré lui le noble Pair? certes, l'intention à part, les Ministres lui auraient obligation, s'ils voulaient justifier la marche qu'ils suivent.

Car le noble Pair le déclare hautement; ils travaillent sans cesse à contenir deux partis extrêmes. Pour former la majorité qui doit approuver leurs propositions, ils recrutent dans les deux partis ce qu'il y a de plus éclairé, de plus modéré, de plus attaché au bien public, de moins prévenu. Eh! que pourraient-ils faire de mieux? leur serait-il donc si difficile de se procurer, comme le voudrait l'auteur, une majorité nombreuse? Peut-être y parviendraient-ils sans trop de peine, en se réunissant à l'une des deux factions, qui sont aux extrémités de l'opinion de la France. Mais une pareille coalition, de quelque côté que le ministère se tournât, serait oppressive ; et le Roi, qui ne veut pas qu'on opprime son peuple, ne permet rien qui puisse même faire naître la crainte de l'oppression. La marche que l'on suit, en se tenant entre les deux extrêmes, est donc en même temps la plus royaliste et la plus patriotique. L'auteur, il est vrai, menace les Ministres d'une invasion plus ou moins prompte de la Chambre élective, par ceux qu'il appelle *les indépendans*. Mais nous nous permettrons de le lui demander : y a-t-il bien pensé, lorsqu'il ne craint pas de déclarer à la France et à l'Europe, que la France se divise en deux factions ; l'une, *peu nombreuse,* qui ne veut que les institutions passées ; l'autre, *redoutable par le nombre,* et qui ne voudrait que l'anarchie ?

S'il en était ainsi, ce qu'à Dieu ne plaise, si les Français sincèrement attachés à la royauté et à la Charte ne formaient qu'une faible minorité, comment aurait-il échappé à un esprit aussi pénétrant, qu'une pareille révélation serait la meilleure apologie du pouvoir absolu, et des agens du pouvoir qui travailleraient à l'établir? Car que faire d'un peuple et pour un peuple qui se diviserait presque tout entier en factions également dangereuses? et quel serait le Français réduit à opter, qui ne préférerait pas l'autorité absolue du prince à la domination d'un parti déterminé à nous traiter en vaincus; car enfin quel est le but évident du noble Pair, sinon d'engager l'autorité à chercher son unique appui auprès d'une branche de l'opposition qu'il avoue lui-même ne former en France qu'une très petite minorité? Or, de tous les partis que l'autorité pourrait prendre, ne serait-ce pas là le pire; et s'il fallait choisir, n'y aurait-il pas au moins plus d'espoir, plus de chances de succès à se ranger du côté de la force et du nombre?

Quatorze siècles d'expérience ne nous ont-ils pas assez éclairés sur les dangers d'une oligarchie constitutionnelle fondée sur d'anciens priviléges? Comment contester aujourd'hui avec l'espérance d'en être cru sur parole, qu'une pareille oligarchie a toujours été, qu'elle serait toujours également redoutable au trône et au peuple; que nos Rois ont constamment lutté contre ce péril, et que cette lutte, favorable au Monarque et à la nation, est devenue la source et le garant de l'attachement des Français à la monarchie? Qui doute, en effet, que la religion, la royauté légitime, la justice, ne soient les objets les plus vénérables? Mais ces mots augustes, inscrits sur les bannières d'un parti, ne peuvent-ils pas servir de prétexte à des calamités épouvantables, comme ceux de *liberté* et d'*égalité*, quand c'est une faction qui les proclame? Les vieilles croisades du Languedoc, les massacres de la Provence au XVIe siècle, les fureurs de la ligue, ont-elles été moins fatales à notre malheureuse patrie, que les sanglantes explosions de l'anarchie révolutionnaire? Non, quoi qu'on en dise, notre Prince, pour faire de véritables royalistes, pour en multiplier le nombre, n'a pas pris le plus mauvais parti. Comme Henri IV à son entrée à Paris, il n'a pas voulu attacher ses faveurs à une seule bannière; il a appelé, il appelle sans cesse à lui tous les Français, sans distinction d'opinions. Il a reconnu pour sujets loyaux tous ceux qui s'attacheraient franchement à sa personne et à la Charte, sans rechercher la date de leur dévouement et de leur soumission. Il les déclare tous aptes à servir leur Prince et leur pays, et veut que la Charte qu'il a donnée à tous, soit exécutée au profit de tous. Cette politique est saine, loyale ; elle est digne d'un Prince éclairé et bon. Quiconque la suit franchement, et nul bon Français ne m'en désavouera, a des droits à la reconnaissance publique ; quant à moi, je lui vouerai toute la mienne, fût-il ministre, ou eût-il été partisan de l'oligarchie.

Pourquoi donc tant de prédictions sinistres ? On n'est pas persécuté, parce qu'on ne persécute pas ; opprimé, parce qu'on n'opprime pas. Que le noble Pair, qui montre tant d'effroi, se rassure. La France n'est pas perdue, parce que ceux qu'il désigne comme seuls dignes de gouverner ne gouvernent pas. L'ordonnance du 5 septembre, la loi des élections, des lois faites dans l'intérêt national, n'ouvriront pas la Chambre élective à une faction. Les vrais royalistes, ces amis de l'ordre et de la paix, c'est-à-dire la grande majorité des Électeurs et des Français, sauront choisir des Représentans sincèrement dévoués à la royauté légitime, à la Charte, et contenir ou réprimer leurs ennemis, s'il s'en glissait parmi eux, de quelque couleur qu'ils se parassent.

Au lieu de se plaindre, de récriminer, de sonner l'alarme, que tous les bons Français, les vrais amis du Roi, aient le courage de faire à leur Prince et à leur pays, le sacrifice de quelques opinions, de quelques prétentions contraires au régime constitutionnel; qu'ils aident franchement à faire marcher le char du Gouvernement, au lieu de s'obstiner à en entraver la course. Qu'ils renforcent les rangs des Électeurs qui n'ont en vue que l'intérêt national; qu'ils abjurent toute haine, toute ambition nuisible, et la France entière, qui, loin de vouloir réveiller des ressentimens assoupis, ne demande qu'à les voir s'éteindre, ne soupire qu'après la concorde, accueillera avec transport leur sacrifice. Il leur vaudra une récompense plus flatteuse qu'un triomphe acheté aux dépens du bonheur public, la confiance et l'affection de leurs concitoyens, une tranquillité durable, et tous les avantages que leur position dans la société leur assure, s'ils préfèrent, pour les obtenir, l'influence légitime et paisible de l'estime, des égards, des antiques souvenirs, à la ruse et à la violence.

Le noble Pair nous a déclaré qu'un vrai royaliste ne connaissait d'ennemi que le crime ; qu'il accueillait, comme auxiliaires, ceux mêmes qui se sont laissé entraîner à des illusions républicaines, lorsqu'ils ont su faire céder leurs opinions et leurs vœux individuels au devoir, et au bien de leur patrie. Que n'a-t-on pas droit d'attendre de lui après une déclaration aussi honorable pour son caractère que pour sa doctrine politique? Il sait que tous les bons Français, quelle qu'ait été la divergence des opinions, sont aujourd'hui dévoués à leur Roi, à son auguste famille, et à la Charte. Que le noble Pair ne s'isole donc plus de la majorité des Français, quand son cœur et son esprit le portent à s'y réunir, lorsque ses talens et sa gloire lui promettent de nouveaux lauriers, des lauriers qui ne se faneront jamais, dès qu'il voudra marcher à la tête des gens de lettres dévoués à la monarchie constitutionnelle. Qui ne se ferait honneur de suivre la bannière d'un Pair de France, d'un chevalier français dont les talens honorent la France et notre siècle, dont les pages immortelles ont augmenté notre gloire littéraire, lorsqu'il voudra rallier sous cette bannière tous les écrivains dévoués à la Charte, au Prince et à leur pays?

AUBERT DE VITRY,

L'un des rédacteurs du Journal de Paris.

DE L'IMPRIMERIE DE Mme Ve COURCIER.

www.ingramcontent.com/pod-product-compliance
Lightning Source LLC
Chambersburg PA
CBHW061730060726
47597CB00006B/2656